CATALOGUE

D'UNE COLLECTION

D'ESTAMPES

ANCIENNES

PAR DES GRAVEURS DE TOUTES LES ÉCOLES

DONT LES ŒUVRES

De Della Bella, Callot, Nanteuil, Edelinck, Drevet, Vanschuppen, Wille, etc.,

D'un grand nombre de PORTRAITS de personnages français célèbres aux XVIIme et XVIIIme siècles, d'Artistes dramatiques des théâtres de Paris, etc.,

ET DE QUELQUES DESSINS

PROVENANT D'UNE COLLECTION ÉTRANGÈRE

DONT LA VENTE AUX ENCHÈRES PUBLIQUES AURA LIEU

MAISON SILVESTRE

RUE DES BONS-ENFANTS, N. 28

Salle du premier

LE LUNDI 29 JANVIER 1855 ET LES QUATRE JOURS SUIVANTS, A 6 HEURES DU SOIR.

Par le ministère de Me **DELBERGUE CORMONT**, Commissaire-Priseur, rue de Provence, 8, Assisté de M. **DEFER**, Expert, quai Voltaire, 21,

Chez lesquels se distribue le Catalogue.

EXPOSITION PUBLIQUE

Le matin de chaque Vacation, de une heure à trois heures, des Objets qui seront vendus le soir.

1855.

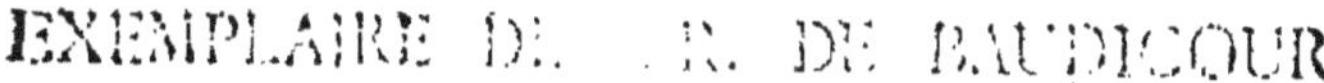

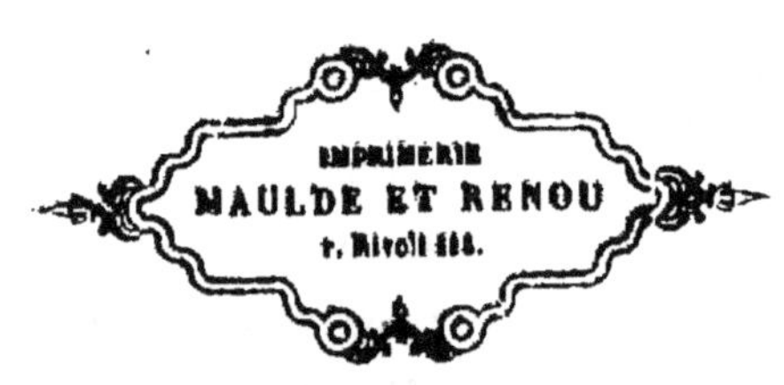
IMPRIMERIE
MAULDE ET RENOU
r. Rivoli

CATALOGUE

D'UNE COLLECTION

D'ESTAMPES

ANCIENNES

PAR DES GRAVEURS DE TOUTES LES ÉCOLES

DONT LES ŒUVRES

De Della Bella, Callot, Nanteuil, Edelinck, Drevet, Vanschuppen, Ville, etc.,

D'un grand nombre de PORTRAITS de personnages français célèbres aux XVIIme et XVIIIme siècles, d'Artistes dramatiques des théâtres de Paris, etc.,

ET DE QUELQUES DESSINS

PROVENANT D'UNE COLLECTION ÉTRANGÈRE

DONT LA VENTE AUX ENCHÈRES PUBLIQUES AURA LIEU

MAISON SILVESTRE

RUE DES BONS-ENFANTS, N. 28

Salle du premier

LE LUNDI 29 JANVIER 1855 ET LES QUATRE JOURS SUIVANTS, A 6 HEURES DU SOIR.

Par le ministère de Me **DELBERGUE CORMONT**, Commissaire-Priseur, rue de Provence, 8, Assisté de M. **DEFER**, Expert, quai Voltaire, 21,

Chez lesquels se distribue le Catalogue.

EXPOSITION PUBLIQUE

Le matin de chaque Vacation, de une heure à trois heures, des Objets qui seront vendus le soir.

1855.

ORDRE DE LA VENTE.

1re VACATION.

Le Lundi 29 Janvier 1855.

Portraits : Nos 409 à 422. Callot, 164 à 175. Ecole allemande, 82 à 92. École d'Italie, 1 à 20. École française, 192 à 205. Edelinck, 222 à 230. Manière noire, 400 à 408.

2e VACATION.

Le Mardi 30 Janvier 1855.

Portraits d'acteurs : Nos 423 à 435. Manière noire, 390 à 399. École d'Italie, 21 à 40. École française, 146 à 163. Callot, 176 à 185. École française, 186 à 191. Drevet, 206, 209, 220, 221. Edelinck, 231 à 240.

3e VACATION.

Le Mercredi 31 Janvier 1855.

Dessins : Nos 436 à 456. École d'Italie, 41 à 60. École française, 241 à 285.

4e VACATION.

Le Jeudi 1er Février 1855.

Ecole française, nos 316 à 345. Ecole d'Italie, 61 à 81. Nanteuil, 286 à 300, Ecole flamande, 346 à 365,

5e VACATION.

Le Vendredi 2 Février 1855.

Ecole flamande, nos 93 à 145. Nanteuil, 301 à 315. Ecole française, 366 à 389.

CONDITIONS DE LA VENTE.

Elle sera faite au comptant.

Les acquéreurs paieront, en sus des adjudications, CINQ centimes par franc, applicables aux frais.

DÉSIGNATION

DES ESTAMPES.

Estampes par des Graveurs de l'École d'Italie.

1. **Anonyme**. Jugement de Pâris, pièce ronde gravée au trait par un orfèvre au XVIe siècle. Rare.

2. **H. E.** (monogramme). Le Parnasse profané. Pièce libre, rare épreuve du premier état.

3. **Amiconi** (Jacques). Le roi et la reine de Portugal, gravés par Flipart; Vénus et l'Amour. Deux Estampes.

4. **Vénitien** (Augustin). Le sacrifice d'Abraham, Vierge et Enfant-Jésus, la bénédiction de Jacob, le cimetière, Jésus portant sa croix; avec l'année 1517.

5. — Cavalier à la porte d'une ville, Iphigénie, la bataille, atelier de Baccio Bandinelli, la carcasse, Silène, les grimpeurs, Psyché, vases, termes, etc. Trente-cinq pièces; quatre lots.

6. **Baroche** (Frédéric). L'Annonciation, saint François. Trois pièces à l'eau-forte; belles épreuves.

7. **Della Bella** (Stefanino). Cet œuvre en neuf cent vingt pièces très belles épreuves, sera mis sur table dans son intégrité, et si la mise à prix n'est pas couverte, il sera divisé dans l'ordre suivant :

— Portrait de Della Bella, par Hollar.
Marguerite Coste, et portraits des Médicis. Trois pièces.

— Entrée à Rome de l'ambassadeur de Pologne en 1633. Grande estampe de six feuilles ; rare.

— Vue de Paris ; première et très belle épreuve avant la girouette sur le clocher de l'église Saint-Germain-l'Auxerrois.

— La même, belle épreuve avec la girouette.

— Le reposoir, belle épreuve avant l'adresse de *Wersterhout*.

— Saint Prosper venant au secours de la ville de Regio. Première épreuve avant les armes.

— Ornements divers, vases, panneaux, frises, écussons, armoiries, les Quatre-Saisons, etc. Quatorze pièces de diverses suites.

— Etudes de figures, caprices, principes de dessins, tête de Masaniello, etc. Cent quatorze pièces.

— Sujets historiques, siége d'Arras et de Saint-Omer, décorations, fêtes à Florence, carousel, catafalques, scènes de théâtre, etc. Cinquante pièces à l'eau-forte,

— Vues d'Italie, de Rome, Florence, monuments, vases, etc. Quatorze pièces.

— Divers embarquements et diverses espèces de galères, et vues diverses. Cinquante-quatre pièces.

— Les quatre éléments : suite des treize pièces en rond, monuments de Rome, divers paysages, etc. Vingt-huit pièces.

— Divers sujets de Vierges et Enfant-Jésus, fuite en Egypte, saint Jean, sujets pieux, etc. Quarante pièces.

— Statues d'après l'antique, paysage avec figures et animaux dans des ronds. Vingt-six pièces.

— Triomphe de la mort, costumes Polonais, etc. Vingt-et-une pièces.

— ble diversité et diverses suites de caprices, petites figures, etc. Quarante-huit pièces.

— Diverses suites d'animaux. Quarante-huit pièces.

— Dessins de quelques conduites de troupes, canons et attaques de villes fortes, etc. Trente-six pièces.

— Divers exercices de cavalerie, recueil de diverses pièces de fortification, costumes divers, etc. Quatre-vingt-huit pièces.

— Divers exercices de cavalerie, divers dessins tant pour la paix que pour la guerre.

— Les jeux des rois et des reines renommés, jeux des dieux de la fable, des quatre parties du monde. Cent quatre-vingt-dix-huit pièces.

— Titres de livres. Vingt-quatre pièces.

-- Douze pièces, par Della Bella, doubles.

8. **Béatricet** (Nicolas). Résurrection de la fille de Jaïre, Adoration des Rois, sainte Elisabeth de Hongrie, sainte Véronique, résurrection des Limbes, Jésus et la Samaritaine, copie; chute de Phaéton, statue équestre de Marc-Aurèle, une Bacchanale d'enfants. Neuf pièces, belles épreuves.

9. — Combat des Amazones, mort de Méléagre; combat des Horaces, statues du Nil, etc. Huit pièces, très belles épreuves.

10. **Biscaino**. Dieu le Père et le saint Esprit; pièce sans marque non décrite par Bartsch. Nativité, Galatée. Trois pièces à l'eau-forte.

11. **Bonasone** (Jules). L'arche de Noé. Nativité, Baptême de saint Jean, Joseph vendu par ses frères, la coupe de Joseph, saint Marc. Sept pièces, deux lots.

12. — Mort d'Hector, lever du soleil, Silène et le roi Midas, le dieu Pan, Jason et Médée, Alexandre domptant Bucéphale, partage de l'empire, l'éducation de Jupiter par les Corybantes, un jeune homme combattant contre un monstre marin, Mercure surprenant les filles d'Aglaure, le Triomphe de l'Amour, la déesse Flore dans un jardin, etc., etc. Trente-deux pièces, plusieurs sont doubles. Cet article formera cinq lots.

13. **Caraglio** (Jacques). L'Anonciation, martyre de saint Pierre et saint Paul, saint Jérôme, naissance d'Hercule, la fureur, Ixion, etc. Quinze pièces, d'après maître Roux, le Parmésan et autres; deux lots.

14. **Carpioni** (Jules). Sujets sacrés et profanes. Dix-sept pièces à l'eau-forte.

15. **Carrache** (Augustin). Pan dompté par l'Amour, Andromède, Orphée, Vénus sur la mer, un Satyre et une Nymphe, les trois Grâces, etc. Quatorze pièces dont deux copies.

15 bis. — Le Vieillard et la Courtisane. Pièce libre, très rare.

15 ter. — L'éventail, le chien. Deux pièces rares; vignettes gravées pour l'ouvrage de Baglione.

16. — Ecce Homo, d'après le Corrège, la Vierge protégeant deux confrères. Deux pièces, belles d'épreuves.

17. — Tobie et l'Ange, saint Jérôme, la Vierge et sainte Catherine, portrait du Titien, deux scènes du théâtre, premier et deuxième état. Onze pièces.

18. **Carrache** (Annibal). Susanne et les Vieillards, épreuve avant le nom; Vierge à l'Hirondelle; saint François, copie; Jésus et la Samaritaine et saint Roch. Deux pièces gravées par le Guide d'après An. Carrache.

19. — La Soucoupe et Jupiter et Antiope. Deux pièces rares.

20. **Castiglione** dit **le Benedette**. La Vierge baisant l'Enfant-Jésus. Pièce rare.

21. **Chérubin** (Albert). Nativité, Vierge et Enfant-Jésus sur un croissant, Christ mort, figures allégoriques et mythologiques, vases, etc. Cinquante-quatre pièces, la plus grande partie d'après le Polidore; belles épreuves, plusieurs avant la lettre.

22. **Corrège** (d'après le). La Vierge tenant l'Enfant-Jésus sur ses genoux est assisse près d'un palmier; dans la marge du bas on lit : *Ant. Correg. inven. pin:* Pièce rare à l'eau-orte.

23. **Crespi** (Joseph). Proverbes italiens. Vingt-deux pièces à l'eau-forte.

24. **Diamantini** (Joseph). La Circoncision, sujets de la fable, etc. Neuf pièces à l'eau-forte.

25. **Enée Vico**. Sainte-Famille, Christ mort, saint Georges, atelier de Bandinelli, premier état; combat des Centaures et Lapithes, les Muses et les Pierides, les Grâces, Leda, Lucrèce, un Sacrifice, une Fileuse, Proserpine changeant Ascalaphe en hibou, copie; Vieille filant, pièce rare et la copie. Quinze pièces. Cet article sera divisé.

26. **Franco** (Baptista). Le frappement du rocher, sacrifice d'Isaac, Christ mort, le Sauveur, Scipion auquel on présente des prisonniers, premier et deuxième état avant le nom; Jupiter, les Eléphants, etc., etc. Onze pièces, deux lots.

27. **Guide** (Guido Reni dit le) et ses élèves **Cantarini**, **Sirani**, **Laurent Loli**, etc. Sainte-Famille, l'Enfant-Jésus et saint Jean,

saint Roch, saint Sébastien, têtes d'apôtres, l'enlèvement d'Europe, le *quos ego*, etc. Quarante-deux pièces à l'eau-forte. Cet article sera divisé.

28. **Mantègne** (André). Christ porté au tombeau, copie par un vieux maître; Bacchanale au Silène, Bacchanale à la cuve, Hercule étouffant Anthée, épreuve sur vélin. Sept pièces.

29. **Marc-Antoine**. La reine de Saba, martyre de sainte Félicité, le Triomphe, d'après Mantègne, le triomphe Trajan. Quatre pièces.

30. — Le triomphe de Trajan, la Peste, les trois Grâces, Vénus, deux des Vertus. Neuf pièces.

31. — La Descente de Croix, sainte Félicité, le jeune homme au Brandon, la Cassolette, les trois Grâces. Cinq pièces.

32. — La Vierge au berceau, la peste, Mars et Vénus, Minerve, Apollon et Daphné, femme près d'un vase, femme se baignant surprise par un Satyre, Satyre enlevant une Nymphe, Apollon, une Muse. Quatorze pièces.

33. — Enfant faisant manger du raisin à un Satyre, joli pièce d'après Raphael. Belle épreuve.

34. — Le *Quos ego*, d'après Raphael. Belle épreuve du deuxième état.

35. — Vingt-trois pièces, copies d'estampes de Marc-Antoine.

36. **École de Marc-Antoine**. Moïse frappant le rocher, la Nativité, les prisonniers, Psyché, le banquet des Dieux, etc., et etc. Neuf pièces, belles épreuves.

37. **Marc de Ravenne.** Statue équestre de Marc-Aurèle, les trois Grâces, Galatée, la Cassolette, Vénus blessée par l'épine d'un rosier, etc. Six pièces.

38. **Mantuan** (Georges et Diana Ghisi dit). Hercule tuant l'hydre, Régulus, Latone mettant au monde Apollon, Hercule et le lion de Nemée, les prisonniers, original et copie; et Jésus-Christ donnant les clefs à saint Pierre, pièce anonyme. Dix pièces.

39 — Vénus et l'Amour, têtes de soldats, Vénus et Vulcain, Hercule, la perfide Sinon, Marius. Neuf pièces, très belles épreuves.

40. **Mantuan** (Diana-Ghisi). Mise au tombeau, le saint Esprit, continence de Scipion, Apollon. Hercule sur un piédestal, etc., etc. Huit pièces.

41. **Maître au dé.** Quatre pièces de l'histoire d'Apollon et Daphné, premier état avant les retouches. Cérès, Enée sauvant son père, le Phénix, combat naval. Dix pièces, belles épreuves.

42 — La Transfiguration, l'Assomption, les clefs de saint Pierre, le Phénix, l'Envie chassée du temple des Muses. Bacchanales, etc. Sept pièces.

43. — Le couronnement de la Vierge, Apollon et Daphné, Cérès, Scipion, combat naval. Dix pièces.

44. **Nielle.** L'enlèvement de Dejanire, petite pièce ronde. Rare.

45. — Copies modernes de Nielles et d'estampes rares de vieux maîtres. Dix-neuf pièces.

46. **Palme**, sept pièces. **Schiaminosi,** deux pièces. **Farinati,** deux pièces. **Carle Maratte,** trois pièces, deux avant le nom. **Mola,** deux pièces. **Vanni, Léone, Caravagio, Olivier Gatti**, quatre pièces. En tout vingt-et-une pièces à l'eau-forte.

47. **Parmesan et son école.** Neuf pièces à l'eau-forte. Rares.

48. **Procacini** (Camille). Moïse sauvé des eaux, Ascension de Notre-Seigneur, saint François Trois pièces à l'eau-forte.

49. **Rosa** (Salvator). Sujets de la fable. Treize pièces à l'eau forte.

50. — L'enfant prodigue, etc. Trois pièces d'après Salvator Rosa par *Taylor*, *Boydell* et *Ravenet*. Epreuves avant la lettre.

51. — Cinq pièces d'après Salvator Rosa par *Goupy*, *Winstanlay* et *Laurentius*.

52. — **Reverdino** (Gaspar). Nativité, la Vierge, l'Enfant-Jésus et saint Joseph, à gauche quatre bergers dont deux en adoration aux pieds de Jésus, les deux autres sous un portique. Pièce ronde, on lit en bas, en trois lignes, Pastores... Luce, cap. II, G. Reverdinus. Pièce très rare, non décrite par Bartsch.

Les adeptes. Deux estampes.

53. **Ribera** dit l'**Espagnolet** (Joseph). Christ mort, saint Pierre, saint Jérôme, saint Barthelemy, ivresse de Silène, deux têtes grotesques, homme couronné de laurier. Huit pièces à l'eau-forte.

54. — Saint Barthelemy, saint Jérôme, saint Pierre, saint Jérôme assis, copie par Ferdinand. Cinq pièces.

55. **Robetta**. Le jeune homme enchaîné par l'Amour.

56. **Rota** (Martin). La Résurrection, sainte Madeleine. Deux estampes.

57. **Schidone** (Bartholomé). Sainte-Famille. *Schiavone*, deux panneaux d'ornement. Trois pièces.

58. **Stefanonius** (P.). Scène de gueux. Pièce rare.

59. **Tiepolo** (Giov.-Dom.). Idée pittoresque sur la fuite en Egypte, inventé et gravé par Tiépolo en 1753. Vingt-cinq pièces, très belles épreuves et le titre; plus trois pièces dont deux d'après lui.

60. **Vieux maitres italiens**. Ganimède, par *Jules Campagnola*, jeune femme assise regardant un aigle enlevant un lapin. Un berger rappelant son troupeau, un homme près d'un palmier, par *B. Montagna*; un Bacchus tenu par deux Satyres. Cinq pièces

61. — Vierge et Enfant-Jésus, pièce rare décrite par Bartsch comme de B. Montagna; notre épreuve porte dans une tablette à gauche IO AN.B.X.

62. — L'enfer du Dante par Baldini, saint Jérôme. Deux pièces.

63. **Ecole de Fontainebleau**. L'Annonciation, la Sainte-Famille, chute des géants, le juge-

ment de Pâris, l'aurore, Mars et Vénus servie par des Nymphes, Satyre et Nymphes, le jugement de Pâris, les squelettes, le Parnasse, jeux d'enfants, etc. Quatorze pièces par Léon Daven, del Barbiere, etc., belles épreuves.

64. — Mars et Vénus, d'après le Rosso ; femme au bain, paysage par Léonard Thiry.

65. **Léon Daven.** La Madeleine enlevée au ciel. Très belle épreuve.

66. **Rene Boivin.** Susanne et les Vieillards, un sujet de l'histoire de Jason ; les trois parques, deux sujets des amours des dieux, copies des estampes de Caraglio ; ces trois pièces attribuées pour la gravure à *René Boyvin*.

67. **Ecole Italienne.** Graveurs anonymes du XVIe siècle. Vingt-trois pièces, belles épreuves.

68. — Graveurs anonymes et à monogrammes du XVIe siècle. Vingt pièces.

69. — Graveurs anonymes. Dix-neuf pièces.

70. — Graveurs anonymes de l'école de Marc-Antoine. Quatorze pièces d'après André del Sarte et autres maîtres.

71. — Sujets divers gravés par *Cavalleris*, *C. Cort*, *Villamena*, *Michel Luchèse*, *Jacob Valey*, *Benetto Stefani*, 1772, d'après le Titien, le Mutien et autres maîtres.

72. — Chasse aux lions, estampes de quatre feuilles, gravée par un anonyme dans le goût de Fontana. Rare.

73. — Vignettes pour le Nouveau-Testament et portrait des Césars, d'après le Titien. Vingt-cinq pièces.

74. — Sujet singulier, pièce à l'eau-forte, Vénus et l'Amour, Faune et Nymphe dans un rinceau d'ornements, Nymphe et Satyre, d'après Palme. Quatre pièces par des anonymes italiens. Rares.

75. — Panneaux d'ornements, gravés par Augustin, Ené Vico, et marquée I. F. Sept pièces.

76. — Trois paysages d'après Piétre de Cortone et Zuccharelli par *Fr. Vivarès*.

77. **Ecole Lombarde**. Vingt-deux pièces gravées d'ap. le Guide, le Corrége, Carrache, etc. Vingt-deux pièces.

78. — Jupiter et Io, d'après le Gorrége, par *Duchange;* les évangélistes d'après Lanfranc, par *Roullet*; la Circoncision d'aprés le Guerchin, par *Bartolozzi*; sainte Pétronille d'après le Guerchin, par *Dorigny;* Galatée d'après C. Maratte, par *Jean Audran*. Cinq estampes.

79. **Ecole Vénitienne**. Cinq pièces d'après Paul Véronése et le Titien, par Sandeler, Jeaurat et Winstanley.

80. **Eaux-fortes italiennes**. XVIIe et XVIIIe siècle. Sujets sacrés et profanes, par Farinati, Pasqualinus, Menarola, B. Claiani, Quatorze pièces.

81. — Par Borgiani, P. Stephanoni, P. Marchand, Andrea, Podesta, Tempeste, Pietre Teste, etc. Vingt-quatre pièces.

École Allemande.

82. — **Durer** (Albert). La Vierge couronnée et adorée par des Anges, pièces en bois avec le monogramme et l'année 1818.

83. **Mecken** (Israël). Le lavement des pieds, la Flagellation et Jésus-Christ prêt à être crucifié. Trois pièces.

84. **Schongauer** (Martin). La femme adultère, belle épreuve ; Jésus au jardin des Oliviers et Jésus mené au supplice. Trois pièces.

85. **Schmidt de Berlin** (Georges-Frédéric). Portrait en pied d'Élisabeth, impératrice de Russie, gravé en 1761 à Saint-Pétersbourg d'après le tableau de Louis Tocque, peint en 1758. Rare.

86. — Louis de La Tour d'Auvergne, comte d'Evreux, d'après Rigaud. Très belle épreuve.

87. **Vieux maîtres** (copies de). Un homme et une femme jouant aux échecs, Judith d'après le maître au Caducée; un Christ en croix, par Beham, et deux génies par Lucas de Leyde.

88. **Zagel** (Martin). Homme et femme assis dans une campagne.

Estampes par des maîtres allemands.

89. **Ecole allemande.** Paysages gravés à l'eau-forte par Klein, Fisscher, lengel, Heft, Hess, Janson, Schindler, Ulinger, Hackert, Schon-

berger, Weirotter, Stengel, Konig, Klass, Beich, Winter, Schmidt, Stolberg, Heimlich. Cent soixante-quinze pièces par des artistes allemands de 1780 à 1808. Cet article sera divisé.

90. — Têtes, sujets divers, etc., cinquante pièces à l'eau-forte par Glume, Bartsch, Schmidt, Chodowiecki, Bause, Muller et autres artistes allemands de 1750 à 1800.

91. — Animaux gravés à l'eau-forte par Barstch, Muller, P. Hackert, Klein, Van Os, Rheinhart, Schlindler, Klengel, Merrem et autres artistes allemands de 1780 à 1810.

92. — Caricatures et pièces historiques allemandes du XVIIe siècle.

Estampes par des maîtres flamands et hollandais.

93. **Bolswert** (Schelte à). Mercure et Argus, la chèvre Amalthé, le dieu Pan, le Satyre et le paysan. Quatre pièces d'après Jordaens, la dernière gravée par *L. Worstermans*.

94. — Paysages d'après Rubens. Douze pièces.

95. — Quatre des grands paysages d'après Rubens.

96. **Berghem** (Nicolas). La vache qui s'abreuve, belle avec l'adresse de *Léon Schenk*, et divers animaux, vaches, moutons et chèvres de diverses suites. Vingt-sept pièces à l'eau-forte.

97. **Both** (Jean). Paysages. Neuf pièces à l'eau-forte.

98. **Bouttats** (Philibert). Louis XIV ; Louis Dauphin, son fils, ce dernier par P. Gunst.

99. **Breughel** (Pierre). Sujets drolatiques gravés d'après ce maître et J. *Bos*, les Quatre-Saisons, scènes de singes. Douze pièces, belles épreuves.

100. **Breemberg** (Bartholomé). Joseph faisant distribuer du blé en Egypte, gravé par Episcopius, épreuve avant toute lettre. Rare.

101. — La même estampe avec la lettre, et le martyre de saint Laurent des mêmes artistes. Deux pièces.

102. **Bry** (Théodore). L'Age d'or, le bal Vénitien, Fontaine de Jouvence et Fête de village, d'après Beham ; Diane et Actéon, Frises d'enfants et Dauphins. Douze pièces.

103. **Collaert** (Jean). La Passion, d'après Jean Stradan. Vingt pièces, belles épreuves.

104. **Dietricy**. Paysages avec figures, scènes diverses à l'imitation de divers maîtres. Quatre-vingt-treize pièces à l'eau forte, belles épreuves avant les numéros. Cet article formera deux lots.

105 **Dietzsch de Nuremberg** (J.-C.) Paysages. Vingt-huit pièces à l'eau forte, en 1760.

106. **Dujardin** (Karle). Vache debout, une autre couchée près de laquelle est un berger vu par le dos. *K. Dujardin, 1658*. Epreuve avant le numéro 30.

107 **Dyck** (van). Divers portraits et sujets par divers graveurs anciens et modernes. Sept pièces.

108. **Everdingen** (Albert Van), Paysages, sites de la Norvège. Cinquante-huit pièces à l'eau forte, anciennes épreuves.

109. **Fyt** (Jean). Chiens divers. Cinq pièces à l'eau forte.

110. **Gessner** (Salomon). Paysages et idylles, gravés à l'eau forte. cinquante-six pièces, deux lots.

111. **Goltzius** (Henri) Hercule. Deux épreuves, une avant l'adresse de Visscher, deux lots.

112. **Goutd** (Henri). Tobie et l'Ange, Philémon et Beaucis, et l'Aurore. Trois pièces.

113. **Hagedorn**, 1744. Paysages gravés à l'eau forte. Quinze pièces.

114. **Hecke** (Jean Van den). Divers animaux. Dix pièces gravées à l'eau forte.

115. **Kobell** (Henri et Ferdinand et Guillaume les). Paysages et petites figures. Cent dix-huit pièces gravées à l'eau forte, de 1760 à 1780.

116. **Laer** (Pierre de) Animaux divers. Six pièces à l'eau forte.

117. **Müller** père (Jean-Gothard). Louis XVI en pied et en manteau royal, d'après Duplessis. Epreuve avant la lettre.

118. — La même estampe avec la lettre.

119. **Miel** (Jean) Berger tirant une épine de son pied. Pièce à l'eau forte.

120 — **Neue** (François de). Paysages avec épisodes de la fable. Six pièces à l'eau forte.

121 **Pontius** (Paul). Prince de Carignan, d'après Van Dyck.

122. **Potter** (Paul). Le vacher, le berger, et une vache. Trois pièces à l'eau forte.

123. **Ossembeck** (Jean). Figures pour le carrousel et ballet donnés à l'occasion des noces de sa Majesté l'empereur d'Allemagne. Huit de ces pièces dessinées et gravées par Nicolas Van Hoij, les autres d'après ces dessins, par J. Ossembeck. Vingt-deux pièces.

124. **Rubens** (d'après). L'Annociation, Susanne, Saint-Roch, l'archange Saint-Michel, les Césars, etc. Quatorze pièces gravées par Pontius, Bolswert Vorstermann, etc.

124 bis. — Susanne, Vénus revenant de la chasse, Ganimède, etc. Sept pièces.

125. Bataille de Maxence et chasse, d'après Rubens, chasse d'après Snyders. Six pièces.

126. — Susanne par Pontius, pêche miraculeuse, et consécration d'un évêque, par Soutman.

127. **Rembrandt** Femme nue assise sur une butte de terre, et le paysage au cygne. Deux pièces, deux lots.

128. **Roos**. (Henri). Vaches et moutons. Sept pièces à l'eau forte.

129. **Suyderosff** (Jonas). La paix de Munster, d'après G. Terburg. Très belle épreuve avant toutes retouches et avec le tracé des lettres très apparent. Rare.

130. — Une autre épreuve, aussi avant la retouche.

131. — Descartes, d'après Hals, Philippe duc de Bourgogne, d'après Van Eyck; Jean l'intrépide duc de Bourgogne, d'après Van Eyck, gravé par Jean Louys. Quatre pièces.

132. **Teniers** (David). Sujets flamands, fêtes de village, estaminet, etc. cinquante-trois pièces gravées par Le Bas, Lepicié, etc. Deux lots.

133. **Terburg**. La paix de Munster, par Suyderoeff.

134. **Uliet** (Jean Van). Le baptême de l'eunuque. Belle épreuve.

135. **Velde** (Jean Van den). Fête de village, belle épreuve avant l'adresse de *F. de Wit excudit*.

136. La même avec l'adresse, la Fuite en Égypte, le bon Samaritain, l'Étoile des rois, Intérieur d'église, etc. 11 pièces, belles épreuves.

137. **Velde** (Adrien Van den). Animaux divers, suite de 10 pièces à l'eau forte. Plus le n° 1 double avec l'adresse de *Just. Danckerz* effacée.

138. **École flamande**. Sainte-Barbe, saint Martin, Flagellation. Trois pièces par *Wierix*; Paysage, par *Hondius*, etc. 11 pièces.

139. — Un Buveur d'après Brouwer, par *L. Vorsterman*. Enfans d'après Rubens, par *Spruyt*. Buveur, par *Molnaer*. Diane et Silène d'après Jordaens, Vénus et l'Amour par *Van Dalen* et un Camp d'ap. Wouvermans, par *J. de Visscher*. 5 pièces.

140. — La Duchesse de la Vallière, gravé par *H. Bary*. Hortense de Mancini, gravé par *P. Stephani*. Portrait de femme d'après le Titien, *Fr. Van den Wingaerde excudit*. 3 pièces.

141. — Trois paysages à l'eau-forte, par *Naivinx* et *Waterloo*.

142. — Sainte-Famille d'après Paul Véronèse, Christ porté au tombeau d'après Bassan, le Sommeil de saint Paul d'après Lyd, le rêve de saint Jérôme, etc. 5 pièces gravées par *Matham* et *Van Dalen* pour le Cabinet Rheinst, épreuves avant la lettre. Plus Vénus et l'Amour, d'après Flin[illegible] par *Van Dalen*. 6 pièces.

143. — Neuf pièces gravées à l'eau-forte, par *Livens*, *Lutsman*, *Ostade*, *Bega*, etc., d'après Ostade et Rembrandt.

144. — Paysage et animaux d'après Van den Velde, Wouvermans, Kuyp, etc. 21 pièces.

145. — Plusieurs sortes de grands vaisseaux desseignez en diuers lieux au naturel. *A Paris, chez L. Boisseuin.* 10 pièces.

Estampes par des graveurs et peintres français.

146. **Audran** (Gérard). Le Jugement de Salomon d'après Coypel. Défaite de Maxeace d'après Lebrun. La Peste d'Eaque d'après Mignard, belle épreuve avec le paon et avant les ailes à la Junon.

147. — Martyre de saint Laurent, Martyre de saint Gervais et saint Protais, la maladie d'Alexandre, 3 pièces d'après E. Lesueur, la dernière par *B. Audran*.

148. — Défaite de Maxence et la Peste d'Eaque avec les ailes à la Junon. 2 pièces.

149. **Audran** (Benoît). Coysevox, sculpteur, d'ap. Largillière. Épreuve avant la lettre. Rare.

150. **Balechou** (Jean-Joseph). Auguste III, roi de Pologne, d'après Rigaud. Belle épreuve.

151 — Auguste III, roi de Pologne, d'après Rigaud. Crébillon, d'après Aved. Rollin, d'après Ch. Coypel, épreuve avec l'adresse de N. B. de Poilly et de Surrugue. 3 pièces.

152. — Charles de Pardaillan, évesque. Épreuve avant toute lettre. Rare. Rollin, d'après C. Coypel. Belle épreuve.

153. — Le Calme, d'après J. Vernet, épreuve avant la lettre.

154. — Le Calme et la Tempête, d'après Vernet, épreuves avant les raies, la dernière avant l'adresse de Buldet. Plus 2 marines d'après Vernet, par *Le Bas* et *Lerpinière*.

155 — Bertrand-Claude-Tachereau, jésuite, d'après Aved. Belle épreuve.

156. **Beauvarlet**. Hyppolite de Latude, Clairon dans le rôle de Médée, très belle épreuve. La Conversation espagnole, d'après Vanloo, et l'évanouissement d'Esther, estampe à l'eau-forte. 3 pièces.

157. **Bervic**. Louis XVI en pied, en manteau royal, d'après Callet, épreuve avant la lettre.

157 *bis* — Le même portrait, belle épreuve.

158. — Gabriel Senac de Meilhan, d'après Duplessis.

159. **Biard** le fils (Pierre). Vénus servie par les Amours et les Grâces, pièce à l'eau-forte. Rare.

160. **Boissieu** (J. J. de). Paysages avec figures, Vues d'Italie, de Lyon et ses environs, Têtes diverses dont le portrait de Boissieu, 53 pièces gravées à l'eau-forte, épreuves sur papier de Chine, d'ancien tirage, quelques-unes sur papier de Hollande collé et avec remarques. Cet article formera 5 lots.

161. **Bourdon** (Sébastien). Sainte-Famille, Fuite en Égypte, etc. 12 pièces gravées à l'eau-forte par S. Bourdon ; suite de 10 Paysages, et 4 paysages, d'après lui par *Prou*. en tout 26 pièces.

162. — Mariage de sainte Catherine, par *M. Natalis*, 2 épreuves, une avant l'adresse de Mariette. Paysages gravées par *Prou* et *Baudet*, etc. 18 pièces.

163. Sainte-Famille, Vierge, Fuite en Égypte, le Baptême de l'Eunuque, etc. 11 pièces à l'eau forte. 10 sont avant les adresses de Mariette.

164. **Callot** (Jacques). La Tentation de saint Antoine et 2 copies.

165. — Le Nouveau Testament et 9 copies, compris le titre gravé par Bosse, la Vie de l'Enfant prodigue, 11 pièces avant les numéros, plus 2 doubles. L'Enfant-Jésus, les Miracles de l'Annonciade, 40 pièces. Les apôtres, 16 pièces et le titre, avant les numéros. 7 pièces sujets de la Passion. Saint François dans une tulipe. En tout 200 pièces environ. Cet article sera divisé.

166. — L'Enfant prodigue, 10 pièces. Ancien Testament, 10 pièces. Vie de la Vierge, 14 pièces. Martyre des Apôtres, 16 pièces. Les Banquets,

4 pièces. Les Pénitents, 6 pièces. La Lumière du cloître, 26 pièces. Les Emblèmes de Marie, 27 pièces. Les Péchés capitaux, 7 pièces. La petite Passion, 20 pièces. Les grandes Misères de la guerre, 18 pièces. Les petites Misères, 7 pièces. Martyres du Japon, le Bataillon, le Benedicite, les Caprices, 12 pièces. Les Fantaisies, 12 pièces. Les Baillis, 24 pièces. Les Gobbi, 18 pièces. Paysages, 3 pièces. Vues de Paris, en tout 259 pièces par et d'après Callot.

167. — Les Saints de l'année et les Fêtes mobiles 1636. 481 pièces avant les titres.

168. — Les Tableaux de Rome. 27 pièces et le titre. 16 avant le nom de Callot.

169. — Les Misères de la Guerre. 18 pièces.

170. — Gloriosissima Virginis... Suite de 9 pièces. (manque la Résurrection), saint Paul lisant, Martyre des Apôtres, 16 pièces avant les numéros. Vie de la Vierge, 14 pièces avant les numéros. L'Annonciation, Emblèmes de Marie, 27 pièces (manque 3 pièces et le titre). Les quatre Banquets. la petite Passion, 12 pièces. Saint Laurent, etc., 4 pièces ovales. La Vie de la Vierge, les Mystères de la Passion, 20 petites pièces rondes et ovales. Les sept péchés capitaux.

171. — *Ecce Homo*, Miracle de saint Mansuet, le Benedicite, Saint Nicolas, Massacre des Innocents, les deux planches avant le nom de Callot, une avec le nom, les Mesureurs de grains, l'Arbre de saint François, Martyre du Japon avant

le nom de Sylvestre, Saint Paul, Passage de la mer Rouge, original et copie, Saint Jean dans l'île de Patmos, original et copie, 2 pièces. 27 pièces.

172. — Louis XIII à cheval, par Michel Lasne, le fond, représentant le combat de Veillane, gravé par Callot.

173. — Bernard de la Vallette, gravé par M. Lasne en 1627. Le fond, représentant la ville de Metz, gravé par Callot. Rare.

174. — Louis 13, Charles Delorme, médecin de Louis 13, Cosme second, François de Médicis, Dominique Péri, Donato dell Antella, Claude Dervet, Louis de Lorraine, 8 portraits. Rares. Cet article sera divisé.

175. — Sujets tirés de la vie de Marguerite d'Anjou, épouse de Philippe III, roi d'Espagne, 20 pièces, par *Callot*, *Schiaminosi* et *Mei Tinghi*, d'après Tempesta.

176. — Principales actions de Ferdinand Ier, grand duc de Toscane. 16 pièces gravées au burin d'après Roselli, Pocetti et Tempesta.

177. — Funérailles de l'empereur Mathias, avant le nom de Sylvestre, 2 épreuves et une copie. L'éventail original et copie. Les Médailles, 10 pièces. Cet article sera divisé.

178. — Combat des quatre galères du grand duc contre deux vaisseaux turcs en 1617, 4 pièces. Fêtes données au duc d'Urbain en 1616, 4 pièces, d'après Parigi. Carrousel de la Guerre d'amour à Florence en 1615, 4 pièces. Le char d'Apollon

rempli de feu d'artifice, 1 pièce. Le Combat à la barrière, 10 pièces. Le Grand rocher, les trois intermèdes, 1616 d'après Parigi, Tragédie de Soliman, 5 pièces. En tout, 32 pièces.

179. — Le Parterre de Nancy, la Carrière de Nancy avant l'adresse de Silvestre, les Supplices, les deux Vues de Paris et une copie, la Vue du Pont-Neuf, la Grande Chasse avant l'adresse de Silvestre, les Bohémiens, 4 pièces. En tout 16 pièces, plusieurs doubles. Cet article sera divisé.

180. — Habillement de la noblesse française, 12 pièces; 10 costumes de femme, à 4 le nom de Callot; les Baillis, 24 pièces; les Gobbi, 20 pièces; Varia figure, 14 pièces et 13 copies; Exercice militaire, 1635, 13 pièces, copies avec l'adresse de Clément de Jonghe; Fantaisies, 13 pièces; les petites Misères, 7 pièces; Batailles, 2 pièces, la Petite Treille, Vues dessinées à Florence, 10 pièces; les quatre Paysages; les Caprices, gravées à Florence, 50 pièces. En tout 134 pièces. Cet article sera divisé.

181 — La foire de Florence et la copie par Savry et la même avec *excudit nancey* trois pièces, deux lots.

182 — Les siéges de l'île de Ré, de la Rochelle et de Breda, trois estampes de six feuilles chaque, celui de Breda avec les bandes, belles épreuves.

183 — Statvti dell' ordini de cavalieri de Santo Stefans *callot acqua forte*. Fiesolle distrutta di

Gio domenico Peri ; coutumes de Lorraine 1631 ; pénitent de la confrérie de Gonfalon, les astronome, titre pour la sainte Apocatastase ; miracle de Notre-Dame-des-Bons-Secours ; congrégation des jésuites, partie seconde de la recherche des saintes antiquités de la Vosge. Notre-Dame-des-Trois-Épis. Dix titres de livres rares, cet article sera divisé.

184 — Les gueux suite de 25 pièces et les copies en contre partie par Savry. Ces deux suites très belles épreuves.

185 — Généalogie *Del Turco* 1612, pièce très rare.

186 — Le brelan, le bataillon, les deux pantalons, le pantalon, le scapin et le capitan, ce dernier avant le nom de Callot, le jeu de boules, deux épreuves une avant le nom, Guillaume Tell, avant l'adresse de Silvestre, combat de Veillane, le jubilé, deux épreuves, une avant l'adresse de Silvestre, 13 pièces.

187 — Cent quarante pièces, portraits de Callot et doublés des n[os] ci-dessus et diverses pièces gravées dans le goût de Callot et dessins à la sanguine d'après Callot, 3 lots.

188 — **Cathelin**. Louis XV en pied et en manteau royal, épreuve avant la lettre rare.

189 — **Coypel** (Antoine et Charles, les) Adam et Ève, sacrifice d'Isaac, la résurrection, la Madelaine, Loth et ses filles, Apollon et Daphné, etc., etc. 11 pièces gravées par *J. Audran*, *Drevet*, *Tardieu*, etc.

190 **Delaulne** (Étienne), Suzanne et les vieillards, Mars et Vénus, d'après Lucas Penni ; Vénus et Adonis, Diane et Actéon, sept pièces, belles épreuves. Rares.

191 **Demarne.** Sujets champêtres, animaux, paysages, etc. Trente pièces à l'eau forte une double. Épreuves sur papier de Chine.

192 **Dervet** (Claude), Portrait équestre du duc de Lorraine et de Bar. Au bas quatre vers : *le Jourdain. . . . . le monde.* Pièce rare, épreuves sur satin.

193 **Desnoyers** (M. Bouchers), Napoléon Ier empereur en costume du sacre d'après Gérard. Belle épreuve avec l'aigle.

194 — Le même portrait aussi avec l'aigle.

195 — Talleyrand de Périgord, d'après Gérard, épreuve avant la lettre.

196 **Drevet** (Pierre). Adrienne Lecouvreur dans le rôle de Cornélie, d'après Ch. Coypel, belle épreuve avant mot modèle.

197 — Louis Hector duc de Villars, d'après Rigaud, belle épreuve.

198 — Arnault d'après Champagne, Ant. de Noailles archevêque, Justina, Girardon, sculpteur, d'après Vivien, Titon, Delamet, Rigaud peintre, de Boullongne, Louis Sinzendorf d'après Rigaud. Neuf portraits.

199 De Cisternay du Fay, d'après Rigaud, Cl. Le Blanc, d'après A. le Prieur ; Neufville de Villeroy d'après Santerre, de Pardaillan de Gondrin d'Antin, évêque, d'après Vanloo; Legendre d'après Jouvenet, Alex. Pini d'après Andray, 8 portraits.

200 — Louis XV enfant sur son trone, prince de Conti, en pied, Samuel Bernard, Louis de Bourbon prince de Dombes, 4 portraits d'après Rigaud.

201 — Louis duc d'Orléans d'après [illegible]. Coypel, et de Cisternay du Fay d'après H. Rigaud, 2 pièces très belles épreuves.

202 — Nicolas Colbert, archevèque, Verduc médecin, Boileau d'après Detroye, de Tressan, archevêque de Rouen d'après Vanloo, Adrienne Lecouvreur, 5 portraits.

203 — Christian de Guldenlen, Louis de Bourbon prince de Dombes, Al. Bourbon comte de Toulouse, Samuel Bernard, etc.

204 — Balthazar Keller, fondeur, d'après Rigaud, belle épreuve avant la lettre. Rare.

205 — B. Keller, Milantier, épreuve avant la lettre et la copie, trois pièces d'après Rigaud et Largillière.

206 — Boileau Despreaux, d'après Rigaud, épreuve avant la lettre. Rare.

207 — Detroye, peintre, d'après ce maitre, épreuve avant la lettre. Rare.

208 — Louis Hector duc de Villars, d'après Rigaud. Belle épreuve.

209 — Louis Aug. Dombe, d'après Detroye, Ant. Portail Tournière, Gaspard Dodun marquis d'Herbault d'après H. Rigaud. Trois portraits, belles épreuves.

220 — Cardinal Dubois, cardinal de Fleury, H. Rigaud peintre, J. de Vertamon évêque de Troyes, Cl. Le Pelletier d'après Mignard.

221 — Marie Duchesse de Nemours, madame de *** en Cerès, épreuve avant la lettre, etc., quatre portraits d'après Rigaud.

222 — **Edelinck** (Gérard), le Christ aux anges d'après Le Brun, belle épreuve avant l'adresse.

223 — La Madeleine d'après Le Brun. Avant la bordure autour du sujet, état non décrit dans le Peintre graveur français. Rare

La même estampe avec l'adresse de la rue du Foin.

224 — Saint Louis et saint Charles Boromée, deux pièces d'après Le Brun, la dernière du deuxième état, la première avant l'adresse de Drevet, état non décrit.

225 — Saint Louis, Colbert, deux pièces d'après Ch. Le Brun.

226 — Le Brun, peintre. Belle épreuve.

227 — Eugénie de Fontaine, Françoise de Vassé, Claude de Sainte Marthe, Jean Herantz, Gherardi, Gasp. Bartolinus médecin, de Graat médecin, une vignette.

228 — Garat médecin, Cl. de Sainte Marthe, avant la lettre. J. Herauld, Jean Varin, F. de l'Hôpital, sept pièces.

229 — Solly, A. du Quesne, Berbier du Metz, Abr. Fabert, le maréchal Grammont. J. de Solleysel, J. de Gussion, Sébastien de Pontaut. Henri de Montmorency, neuf portraits.

230 — Le nain de Tillemont, de Sainte Marthe. Nicolas Rigaltius, P. Pithou, de Pontchartrain, N Lefèvre, G. du Vair, Pierre de Marca, Ch.

Faure, le cardinal Dossat, Santeuil, cardinal du Perron. V. Coeffeteau. 13 pièces, belles épreuves.

231 — Gherardi, comédien, marquis de l'Hôpital, P. Suzirey, N. Samson, géographe, J. Varin, graveur. J. de la Quintinye, Hameau et J. de Tourreil, ce dernier par N. Edelinck. Huit pièces.

232. — Colbert, d'après Le Brun. Très belle épreuve.

233. — Le Brun peintre, Mansart architecte, Desjardins statuaire, de la Marinière d'après Tortebat, Mansart d'après H. Rigaud. Six portraits, beaux d'épreuves.

234. — G. van Leeuwen, Brullart de Sillery, Bossuet, premier état; de Coettogon évêque, Claude de Saint-Georges archevêque. Six pièces.

235. — F. Pardebon d'après Michelin, premier état; Bossuet d'après Rigaud, premier état; G, de la Forge, deuxième état; Descartes d'après Hals, premier état. Quatre pièces.

236. — Hughens mathématicien; on lit à gauche *Drevet, exc.*, à droite le nom de *Edelinck eques sculp.*, et dans la marge le nom Hughens, état non décrit. Fagon d'après Rigaud, troisième état non décrit, le mot Sata écrit avec une petite f ainsi que le mot Salvo dans les quatre vers de la tablette. Jean Romelle, N. Véricot, Pardebon, le comte de Morster. Sept pièces.

237. — Ferdinand de Pardebon d'après Le Brun, belle épreuve du premier état avant les mots *Typographia Regia*, Moreri avant la lettre, Verien, graveur, avant les noms. Trois pièces, belles épreuves et rares.

238. — De Malezieu d'après Detroye, Arnauld d'après Champagne, Simon sculpteur d'après Ernou, duc de Bourgogne d'après Hellart, Colbert d'après Le Brun, et le portrait d'Edelinck d'après Tortebat par P. Devaux. Six pièces.

239. — Louis XIV, d'après Jean de la Haye, deuxième état; autre d'après J.-B. Corneille, premier état; autre d'après Vatelle; Charles duc de Berry, Louis de Bourgogne, d'après Detroye; autre portrait d'après Hellart. Six pièces.

240. — Poisson, comédien en habit de Crispin, d'après Netscher. Deux épreuves des troisième et quatrième états.

241. **Fiquet** (Etienne). P. Corneille, de La Mothe Levayer, Crébillon, Descartes, de Chenevière, madame de Maintenon, etc. Huit pièces, belles épreuves.

242. **Gauthier** (Léonard). Pierre Charon, mort en 1603. Th. Sonnet de Courval, médecin, N. de Heere, J. de Villamont, Metezeau 1610. Six portraits, belles épreuves.

243. **Gelée dit le Lorrain** (Claude). Suite de paysage et marines gravées à l'eau-forte et numérotées de 1 à 12.

244. — Le Bouvier et le passage du Gué. Deux pièces à l'eau-forte.

245. — Le troupeau à l'abreuvoir, l'apparition, le Gué, berger et bergère conversant, l'enlèvement d'Europe, Campo Vaccino. Six pièces à l'eau-forte.

246. — Le chevrier, Mercure endormant Argus, l'enlèvement d'Europe, Campo Vaccino. Cinq pièces à l'eau-forte.

247. — Soleil levant, la tempête, le pâtre et la bergère, le dessinateur, les matelots, le retour des champs, le dessinateur, les quatre chèvres. Sept pi[illegible] à l'eau-forte, anciennes épreuvee.

248. **Gel[illegible] dit le Lorrain** (d'après Claude). L'en[illegible]ation de sainte Ursule, la danse des ber[illegible] les bergers, trois paysages gravés par [illegible] et *Lowry*. Epreuve avant la lettre.

249. [illegible] Ursule, la danse des bergers et [illegible] Georges combattant le dragon. Trois paysages et marine par *Fitler*, *Lowry* et *Lerpinière*.

250. — Paysages gravés par *Fitler*, *Lowry*, *Vivarès* et *Wilson*. Sept pièces.

251. — Paysages gravés par *Fitler*, Vivarès et facsimilés de dessins du Claude, gravé en manière noire par Earlom et autres graveurs. Douze pièces.

252. **Greuze** (J.-Baptiste). Le paralytique, l'accordée de village, la mère bien aimée, la cruche cassée, la veuve et son curé. Cinq pièces gravées par *Flipart*, *Massard* et *Levasseur*.

253. — La cruche cassée, la lecture de la Bible, la mère bien aimée, la petite fille au chien, etc. Huit pièces.

253 bis. **Guérard**. Marche et cérémonie observée à la proclamation de M. le duc d'Anjou, roi d'Espagne sous le nom de Charles V, le 24 novembre 1700. Pièce rare.

254. **Le Brun** (Charles). Ayar, la douleur, la Madeleine, les nations d'Amérique. Cinq pièces.

255. **Lesueur** (Eustache). Martyre de saint Laurent, saint Gervais, saint Protais, Moïse exposé sur les eaux, la reine de Saba, Tobie recouvrant la vue. Six pièces gravées par *Audran*, *Barenet*, *Smith*, etc.

256. **Leu** (Thomas de). Montaigne, Ph. de Strossy, Fr. de Silly, Nono, Fr. Ranchin médecin, Louis Sevrin. Six portraits, beaux d'épreuves.

257. Henri IV en buste coiffé d'un chapeau avec aigrette, gravé d'après F. Quesnel. Belle épreuve d'un joli portrait, il est rare.

258. **Marcenay** (A. de). Charles V, Jean-d'Arc, Bayard, Henri IV, Turenne, le prince Eugène, deux têtes d'après Rembrandt. Dix portraits, épreuves avant la lettre.

259. **Du même.** Les mêmes portraits, plus Charles VII, Sully, l'Hôpital, maréchal de Villars, maréchal de Saxe, d'Argenson.

260. **Masson** (Antoine). Sainte Famille, d'après Mignard, très belle épreuve du premier état du catalogue, le Peintre-graveur français, par M Robert Dumesnil.

261. — **Portrait d'Antoine Masson, graveur du roi, gravé d'après P. Mignard. Très belle épreuve.**

262. — Anne d'Autriche, d'après Mignard. Belle épreuve. Monsieur frère du Roi. Deux pièces rares.

263 — G. Brisacier, d'après Mignard, très belle épreuve du deuxième état avec les deux fautes dans le titre. Rare.

264. — Le même portrait, quatrième état, et Bignon, 1686, 2e état.

265. — Alexandre Dupuy, marquis de Saint-André, d'après Deseve; Turenne, peint et gravé par A. Masson en 1669. Deux portraits.

266. — Pardaillan de Gondrin, archevêque de Sens, premier état. Belle épreuve.

267. — André le Nostre, architecte; Gui Patin, deuxième état avant l'adresse du graveur.

268. — André le Nostre architecte, Marin, Turgot, Forbin Janson, Ch. de Lesseville. Cinq portraits.

269. Marin de la Chataigneraye, Antoine Turgot, 1668. Deux portraits.

270. — Antoine Turgot et Lefèvre d'Ormeson, deux portraits peints gravés par A. Masson en 1665-1668. Belles épreuves.

271. — Marin de la Chataigneraye, secretaire du roi, peint et gravé par A. Masson en 1672.

272. — Claude du Housset, chancelier du duc d'Orléans, peint et gravé par A. Masson en 1681. Belle épreuve.

273. — Le même portrait et Nicolas de Lamoignon. Deux pièces.

274. — Louis XIV d'après Le Brun. Belle épreuve.

275. — Louis Dauphin, fils de Louis XIV, peint et gravé par A. Masson en 1680.

276. — Le comte d'Harcourt dit le Cadet à la Perle, d'après Mignard, premier état avant le trait échappé dans la marge.

277. — La même estampe, troisième état.

278. — Frédéric-Guillaume, électeur de Brandebourg, de Fourcy, la duchesse de Guise. Trois portraits peints et gravés par A. Masson.

279. — Cardinal de Bouillon, d'après N. Mignard. Belle épreuve.

280. — Duc de Chevreuse, peint et gravé par A. Masson. Charles Colbert d'après H. Cascar. Deux pièces.

281. — Dupuis (Pierre), peintre de fleurs. Belle épreuve.

282. **Mellan** (Claude)). La Sainte-Face, Anne d'Autriche, prince de Conti, et divers sujets religieux. 10 pièces.

283. **Morin**. Marguerite Lemon, d'après Van Dyck.

284. — Le même portrait et la comtesse de Bossu, 2 portraits d'après Van Dyck.

285. **Montcornet**. 61 portraits : rois, reines, princes et princesses françaises.

Nanteuil (Robert). *Voyez le Catalogue de son œuvre dans le 4e volume du Peintre-Graveur français, par M. Robert Dumesnil.*

286. — Buste du Christ, 2e état. Rare.

287. Louis XIV, des fleurs de lis aux angles. Belle épreuve du 1er état.

288. — Anne d'Autriche, 1666. Belle épreuve du 1er état.

289. — Le même portrait, 2e état.

290. — Louis XIV en cuirasse, aux angles le soleil (n° 162). Louis XIV, 1664. 2 portraits.

291. — Le Dauphin, fils de Louis XIV, 1677.

292. — Turenne, aux angles des tours, 2e état.

293. — J.-B. Colbert, aux coins trois C enlacés. Rare.

294. — Portrait de Colbert d'après Lebrun. Il se trouve dans un ovale suspendu à un obélisque et soutenu par deux Génies. Dans le fond, le Louvre. Ces détails gravés par Rousselet. Deux épreuves de cette estampe, une où le portrait est seulement tracé.

295. — Louis XIV, d'après Mignard, 1661 : l'ovale entouré des insignes de la royauté, belle épreuve du 2e état. Michel Le Tellier ; les ornements d'après Chauveau, par Boullanger. Louis XIV gouvernant ses Etats, gravé d'après Lebrun pour une thèse ; les détails par Rousselet ; pièce de deux feuilles. Colbert, pour la thèse de Louis Bechameil. 4 pièces. Cet article sera divisé.

296. — Michel Le Tellier, d'après Nanteuil, par Vanschappen. Beau portrait. Rare.

297. — Hardouin de Perefixe. Belle épreuve du 1er état d'un beau portrait.

298. — Charles d'Albert d'Ally, duc de Chaulnes. Très belle épreuve.

299. — Pompone, d'après Lebrun.

300. — Marie duchesse de Savoye, d'après Dusourd, 1678. Belle épreuve.

301. — Boucherat, 1676. Colbert; aux coins deux C enlacés et couronnés. Michel Le Tellier, avec entourage par Boullanger, d'après Chauveau. 3 portraits.

Les articles des n°s 302 à 315 pourront être divisés.

302. — Michel Le Tellier, 1674, et l'abbé Colbert, ce dernier portrait dans le goût de Nanteuil; l'épreuve étant rognée n'a pas de nom de graveur; il y a aux coins deux C couronnés et deux crosses en croix et une mître d'évêque.

303. — Boschard de Champigny, Matignon, 1er état. De Nesmond, 1663, 2e état. Duc de Brunswick, 1674. Quatre pièces. Belles épreuves.

304. — Amelot, 1672. Maurice Le Tellier, 1672, avec dédicace à de La Tournelle. Harlay de Chavallon, 1673, 1er état. 3 portraits. Belles épreuves.

305. — Simon Arnault, 1675. Jean le Camus, 1674. Michel Le Tellier, 1674. Emmanuel-Théodose de la Tour d'Auvergne. Colbert aux deux C couronnés, 1676. 5 portraits.

306. Charles de Lorraine, 1660. Barillon de Morengis, 1661. P. de Maridat, le Coigneux, 1654. 4 portraits. Belles épreuves.

307. — Blondeau, 1653. Mathieu Molé. H. Guenegaud, d'après Champagne, 1er état. Fr. de Harlay, 1672, 1er état. 4 portraits. Belles épreuves.

308. — Ch. de la Porte duc de la Melleraye, 1662. Jean Dorieux, 1660. M. Le Tellier, Le Masle, 1641. Quatre portraits. Belles épreuves.

309. — Coislin, 1658. Deligny, 1661. Clermont-Tonnerre, 1655. l'Allemant, 1678, 1er état. Quatre portraits. Belles épreuves.

310. — Castelnaud, 1658. Guenegaud, 1er état. Mazarin, 1656; le même, 1661, 1er état. Melchior de Gillier. Denis de la Barde. 6 portraits.

311. — Anne d'Autriche, 1660, d'après Mignard, 2e état. Louis de Suze, 1656. Thevenin, 1657. De Monpezat, de Carbon, M. Le Tellier, 1660, Mathieu Mollé, Basile Fouquet, 1660; état non décrit, avec 1660 au lieu de 1658. Maurice Le Tellier. 7 portraits.

312. — Mazarin, d'après Van Mol, 1er état; le même, 1656; le même 1658, avec chiffre couronné au coin. Castelnau, 1658. Chapelain, Victor Boutellier, 1651. Michel Le Tellier, 1659; le même avec le chiffre couronné au coin, 1659. Charles de Lorraine, 1660. Maurice Le Tellier, 1663. Dix portraits.

313 — Cl. Thevenin 1657. Le Coigneux 1654, d'après Beaudran, 1654; Payen Delandes, 1659 Fr. Lottin. Mazarin, au coin des faisceaux; le même 1656 ovale bordure de laurier; le même 1656 bordure carrée feuille de laurier, le même 1658, Harlay de Chavallon 1671, Mme de Gillier. Onze portraits.

314 — Henri d'Orléans d'après Champagne, duc de Bouillon 1649, 2e état; Mazarin 1655, le

même d'après van Mol, 1er état ; le même 1656; Christine de Suède, d'après S. Bourdon ; de Lamoignon. 1663; Victor Boutellier, 1651 ; Guebriant, Guenegaud, cardinal Barberin 1664, onze portraits.

315 — Pierre Puteau, Fronto, 1er état ; Faure, P. de Maridat, Voiture, 1649 ; Marie de Pologne 1653; Hugues de Lionne, Vulson de la Colombière, Guebriant, Pompone de Belièvre d'après Champagne 1663 ; Payen des Landes, 1659 ; Michel Le Tellier 1658 ; Mazarin 1656; le même 1658; Turenne, *aux cent voix la renommée ;* 15 portraits.

316 **Nattier**. 1756. Madame Victoire fille de Louis XV. Gravé par *Gaillard* épreuve avant la lettre. Rare.

317 **Pitau** (Nicolas). Jésus et la Samaritaine d'après Champagne, saint Bruno d'après Bertholet par M. *Natalis*. 2 pièces belles épreuves.

318 **Poussin** (Nicolas) Le frappement du rocher, fuite en Égypte, paysage, les sacrements, etc. Neuf pièces gravées par *Cl. Stella, Jean et Benott Audran, Delpo, Chatillon*, etc.

319 **Rousselet** (Egide). Le Dauphin sur une barque entourée de diverses figures allégoriques. dans le bas des enfants montés sur des dauphins, belle épreuve d'une grande thèse en deux feuilles.

320 **Roullet** (J.-Louis). Louis XIV accompagné de la Victoire et la Religion, grande thèse d'après Mignard 1692, belle épreuve.

321 **Poilly** (François de). Sainte-Famille d'après N. Poussin, épreuve avant la lettre, Vierge et Enfant-Jésus d'après Champagne, par N. de Poilly, Jésus se reposant, d'après Stella, trois pièces.

322 — Thèse du duc d'Albret en 1661. Louis XIV assis en costume royal entouré de génie portant les emblêmes de la royauté. Gravé d'après Le Brun, belle épreuve d'une belle pièce.

323 — Louis XIV, Thèse d'après Le Brun, Lamoignon d'après Le Brun 1666, le même d'après Mignard, Faber d'après L. Ferdinand. Gaston duc d'Orléans, Pierre le Moyne d'après Champagne, Louis Prévost. Sept pièces.

324 — Louis XIV entre Minerve et la Paix. Grande thèse d'après Le Brun et dédié à Colbert en 1668. Autre grande thèse avec le portrait de Louis XIV tenu par le temps, d'après Le Brun. et dédié en 1663 à Perefixe. Colbert, G. de Lamoignon d'après Mignard, 4 pièces.

325 **Poilly** (Jean-Baptiste de). Le jugement de Suzanne d'après Coypel. belle épreuve.

326 **Poilly** (Nicolas de). Prince de Condé 1660. Autre portrait tourné à droite, Anne de Rohan princesse de Guemené d'après Cotelle par F. de Poilly.

327 — Nicolas Fouquet, d'après Le Brun, rare épreuve avant la lettre.

328 **Silvestre** (Israël). Vues de France, 40 pièces, vues de Rome 29 pièces.

329 **Simon** (Pierre) Louis XIV en buste de grandeur naturelle en 1678, belle épreuve.

330. — Louis XIV assis sur son trône en manteau royal, il tient de la main gauche la main de justice ; dans le fond à droite ses gardes. Pièce sans nom de peintre, ni de graveur. Rare.

331. — Louis XIV en buste, deux portraits 1678 et 1886. Pierre de Bonzy, cardinal, d'après Ferdinand Wont, 1686, cardinal Renutius, Fr. Fr. Pallu évêque, d'après La Marc, Richard, Lefèvre d'Ormesson, Fr. de Pericard évêque, F. duc de Neufville évêque. Huit portraits, sept peints et gravés par Simon.

332. **Son** 1625 (Nicolas de) Le somptueux frontispice de l'église de Notre-Dame de Rheims et l'excellent frontispice de l'église de Saint-Nicaise de Rheims, 2 estampes belles épreuves. la première avant l'adresse de *Moreau*.

333. **Vallet** (Guillaume). Louis dauphin fils de Louis XIV, d'après Jouvenet, 1677. J. Charron, marquis de Menars, d'après J. Garnier; De Balbis, comte de Vernon, par Trouvain. Charles d'Ally, duc de Chaulnes, d'après Bordes par Gantrel. Quatre portraits.

334. **Vanschuppen** (Pierre). Louis XIV en manteau royal, d'après J. Nocret. Belle épreuve.

335. Louis dauphin fils de Louis XIV, d'après Detroye. Michel Le Tellier, d'après Nanteuil. Teissier, d'après Bouys. De Simiane de Gordes, d'après C. Lefeure. A. du Buisson, d'après Victorin. Max Henric, d'après Bertholet. Sept pièces.

336. Pithou, Pinsson, Marguerite de Lorraine, R. P. Natalis, J. Wachtendenck, Jules de Noailles, P. de Monchy, J. B. Christyn. Pierre Seguier. Neuf portraits d'après les dessins de Vanschuppen, de Detroye et Van du Lint.

337. Louis XIV, d'après Waillant. Bernard de La Valette duc d'Epernon, d'après Mignard. Jean Verien, d'après Loire, Pinson, Perefixe, d'après Lefèvre, etc. Sept pièces.

338. Fromentin, Verien, Pitton, Gilles Ménage, de Nerestang, Bouillaud, astronome, Gabriel de la Gardie, Foucauld, Paul Langlois, Louis Le Pelletier, Du Bouisson, etc. Quatorze portraits d'arrès Loir, de Largillière, Jacques et P. Vanschuppen, Klooker, etc.

339. Honoré d'Urfé, Fr. de La Haye, médecin ; de Saneuses, prêtre ; Louis de Pontes, d'aprés Champagne ; E. Lesueur, d'après ce peintre ; baronne de Bantersen, d'après François ; Pierre Mercier, d'aprés Fr. Le Maire ; Ph. Despont, Fr. Villani, etc. Treize pièces.

339 *bis*. Jean Hindret, H. Godet, P. de Marca, Lefèvrede Caumartin, Denis Talon, Bordier, MauriceLe Tellier, Jules de Noailles, Michel Le Tellier, etc. Douze portraits d'aprés Vanloo, Detroye, Quenin, C. Le Faure, Nanteuil, J. Dieu et Vanschuppen,

340. **Watteau** (Antoine). L'accordée de village, l'enlèvement d'Europe, le voyage à Cythère et autres sujets. Huit pièces, plusieurs non terminées.

341. Vénus et l'Amour, Paul Véronèse *del.*, Watteau, *pinxit*, B. Audran, *sculps.* Epreuve avant la lettre ; rare.

342. La danse paysane, gravé par B. Audran. Très belle épreuve.

343. Le bal, la signature du contrat, le plaisir pastoral, etc. Quatre pièces.

344. L'embarquement pour Cythère, gravé par Tardieu. Belle épreuve.

345. **Wille** (Jean Georges). Son œuvre, composé de soixante dix-sept pièces, dont vingt-huit d'après les tableaux des maîtres flamands, hollandais et allemands, faisant partie de cabinets célèbres ; de treize portraits et de trente-sept essais de paysages à l'eau forte, précédé du portrait de Wille, gravé par Ingouf en 1771, d'après Wille fils, et de trois feuilles de texte pour le titre, et une notice nécrologique sur J. G. Wille, le tout formant un vol. gr. in-fol., dem.-rel. Bel exemplaire d'un livre rare, il provient de la vente du cabinet de M. Thorel, n° 206 de notre Catalogue.

345 *bis.* **Wille** (Jean-Gorge). Son portrait par J. G. Muller, d'après Greuze, et aussi d'après Wille fils par Ingouf. — Le comte de Saint-Florentin et J.-B. Massé d'après Tocqué ; Louis XV d'après Le Moyne, Elisabeth Gouy d'après Rigaud ; Michel Manessier d'après C. Vanloo. 7 pièces belles épreuves.

Estampes par divers maîtres.

346. **Ecole française.** 17 pièces gravées par *Le Paultre, Goyrand, Ferdinand, Rousseau, M. Dorigny, etc.*

347. — Portrait de Pierre Vallet, de Simon Vouet par Perrier, et diverses pièces par Léonard Gautier, Brebiette, Ferdinand, etc. 18 pièces à l'eau forte.

348. — Adam et Eve d'après le Dominiquin, la Visitation d'après M. Corneille, le Sauveur, etc. 9 pièces gravées par Beaudet, Hainzelman, Liotard, Demarcenay, Bazin, Daret, Boullanger, Natalis, etc.

349. — Sujets sacrés et profanes, d'après C. Vanloo, Dieu, Le Moyne, Case, Restout, Pigalle, etc., 14 pièces gravées par *P. Drevet, Tardieu, Desplaces, J. Mariette, etc.*

350. — Hippolyte de La Tude Clairon dans le rôle de Médée, d'après Vanloo, par Beauvarlet ; la Peste de Marseille et l'Evanouissement d'Esther, d'après Detroye. 3 pièces ; la dernière à l'eau-forte.

351. — La Peste, d'après Mignard, par G. Audran. Le Feu et l'Eau, d'après Boullongne, par Desplaces. 3 pièces.

352. — Paysages à l'eau forte par Berthault. Chiens et Chevaux, par C. Vernet et Sueback. 36 pièces.

353. — Bataille et Chasses. 5 pièces d'après Parocel et Oudry, par *N.-C. Silvestre, Joullain et Desplaces.*

354. — 24 pièces, sujets divers, par Eisen, Boucher, Lucas, Casanove, Borel, Le Prince, etc.

355. — Mort de Montcalm d'après Watteau. Mort de Léonard de Vinci d'après Menageot, épreuve avant la lettre. Diverses estampes d'après Wille fils, Chasle, Renoux, Trinquesse, Leprince. 8 pièces.

356. — Sujets familiers, d'après Boilly, Mlle Gérard, Debucourt, Bilcocq, etc. 8 pièces.

357. — 16 pièces d'après *Boucher, Pierre, Gillot, Dumont, Chardin*, etc., etc.

358. — Léonard de Vinci mourant dans les bras de François Ier, d'après Menageot, etc. 4 pièces.

359. — Présentation au temple, Jésus adoré par des anges, Expulsion des jésuites, Allégorie à Louis XIII. 4 pièces par *Lenfant, G. Huret*, etc., etc.

360. — Passeport d'amour, *de par Cupidon*, etc. En tête une vignette. Rare.

Portraits de divers personnages français de tous états.

361. — François Ier par *Moyreau*, d'après Titien. Louis XV par *Wille*, J.-B. Colbert, par *Dossier*, Lefèvre de Laubrière par *Daullé*, le duc de Penthièvre-Maupertuis, par *Daullé*, etc. 10 portraits d'après Rigaud, Aved, Tournière, etc.

362. — Louis XIV. 5 différents portraits d'après Mignard, par *Roullet*, *Vermeulen*, *Poilly*, *Simoneau* et *Loisel*. Louis-Aug. prince de Dombes, par *Cars*. Le Dauphin, d'après Rigaud, par *Susanne Silvestre*. Duc de Chartres, 1725, d'après Belle, par *Daullé*.

363. — Louis XIV. d'après Nocret. Portrait d'un amiral, d'après Palliet, par Lombart. Gaston de Foy, Louis XIII, Marie de Médicis : trois portraits en pied de la galerie de Richelieu. 5 pièces.

364. — Henri IV, Marie Thérèse, reine de France ; De Harlay, Leomenie, F. Habart, G. Duvair, Descartes, G. Lafleur, peintre, etc. 14 pièces gravées par Bouttats, M. Lasne, Montcornel, Ph. Fruictiers, G. Lafleur, etc.

365. — Villars, Colbert, Crébillon, C. Vanloo, Boucher, Jules de Noailles, Bignon, Fenelon, Bourdaloue, Bignon, comte de Toulouse. Vingt portraits de personnages français gravés par *Fiquet*, *Daullé*, *Saint-Aubin*, etc. Plusieurs avant la lettre.

366. — Crébillon, Bossuet, Samson, géographe ; Mabillon, Pasquier, Quesnel, Claude Cherrier, Bignon, Père de La Chaise, cardinal Fleury, etc. 24 portraits de personnages français gravés par Landry, Chereau, Loir, Audran, Langot, Vallet, Fiquet, B. Picart, etc.

367. — Le duc d'Anjou, d'après Rigaud, par C. *Vermeulen* ; Ph. Orry, d'après Rigaud, par Lépicié. en 1737. Charles Colbert, évêque de

Montpellier, d'après Raoux. par J. *Chereau*. Comte de Vergennes, par *Vangelisty*, 4 portraits, épreuves avant la lettre, à deux la lettre manuscrite.

368. — Robert comte d'Evreux, par *Schmidt de Berlin*. Sinzendorf, par Cl. Drevet : 3 pièces d'après Rigaud. Baron, comédien, d'après Detroye, par J. Daullé. Belles épreuves.

369. — Mlle Pelissier, Catherine de Seine et Mezetin : 3 pièces par *Daullé*, *Lépicié* et *C. Vermeulen*.

370. — Coysevox, sculpteur, d'après Rigaud, par *B. Audran*, épreuve avant la lettre. Baron, d'après Detroye, par Daullé. Comte d'Evreux, Schmidt de Berlin. Sinzendorf, par C. Drevet, d'après Rigaud.

371. — Louis XV. 7 différents portraits représentés en pied et à cheval, et gravés par *Aubert*, *Dupuis*, *Larmessin*, Louis prince de Conti, d'après Rigaud, par *Drevet*. Louis, dauphin de France, d'après L. Toqué, par *H. Thomassin*. Le même, d'après de La Tour, par *Larmessin*. Fouquet de Belle-Isle, maréchal de France, par *Moitte*. 11 portraits. Belles épreuves.

372. — Victoire de Bavière, dauphine de France, à Paris, chez Giffart. Autre portrait du même personnage. Louis, dauphin, fils de Louis XIV, et Joachin Boisfraut. 4 portraits en buste de grandeur naturelle, sans noms de peintre ni graveur.

373. — Mlle Duclos, d'après Largillière, par *L. Desplaces, 1714.* Mlle Pelissier, d'après Drouais, par *Daullé.* Catherine de Seine, d'après Aved, par *Lepicié.* Mme de la Ravon, d'après H. Rigaud, par *Dossier.*

374. — Mme de Maintenon, par Giffart, Mlle de Montpensier, par *N. Poilly.* La duchesse d'Orléans, d'après Rigaud. par C. Vermeulen ; épr. avant la lettre. Mme de ··· en Flore, d'après Nattier, par *Voyez le jeune ;* et Mlle Pelissier, d'après Drouais, par Daullé. 5 portraits.

375. — Charlotte de Harlay, par Grignon. Mme Helyot, par *Bazin*, en 1688. Sœur Marie de l'Incarnation parisienne, mère Magdeleine, dite de Rieux, par *Vallet*, d'après Paillet. Antoine Vigier, par *C. Lauwers.* Cardinal Fleury, par Thomassin, d'après Autreau. Pie VII, le cardinal de Rohan, d'après Rigaud, par *Cars.* 8 portraits.

376. – Louis XIV, par Poilly. Lavergne-Montenard, d'après Mignard, par *Gantrel.* J. Bignon, Nicolas Blasset, sculpteur par l'*Enfant.* Bernard d'Avesnes, par *Landry.* Le fils de N. Fouquet, Michel Le Tellier et Jean Hamon, etc. 10 portraits.

377. — Anne d'Autrirhe et Louis XIII, F. Faure, d'après Garnier, par *Picart le Romain.* P. Mayeur, Abbaye de Clairvaux, d'après Loir, par *de Larmessin.* N. Larcher, par *H. Jans.* Le cardinal Fleury par *S-H. Thomassin.* H. Rigaud, d'après ce maître, par Daullé. 5 portraits.

378. — 31 portraits de religieuses et dames françaises, célèbres par leur piété.

379. — Louis-Antoine de Noailles, archevêque, d'après Largillière, par *C. Vermeulen*. Le même cardinal, par *Derochers*. H. de la Fruclaye de Keruers, évêque, d'après Roussel, par *I. Cars*. De Baglion de Saillant, évêque, d'après Faillet, par *G. Vallet*. 4 portraits.

380. — 56 portraits de personnages français de tous états; des suites d'Odieuvre, Desrochers, des peintres et amateurs français dessinés par N. Cochin, gravés par Saint-Aubin.

381. — 13 portraits de perounages français gravés par *Fiquet* et *de Marcenay*. Belles épreuves.

382. — 41 portraits de personnages français de tous états, par des graveurs français.

383. — Coustou, Michel Anguier, Allegrain, sculpteurs; P. Mignard, C. Vanloo, Mme Lebrun, peintres. 8 pièces gravées par *C. Vermeulen*, *Klauber*, *Muller*, etc.

384. — Forêt, peintre, par *Drevet*, Weirotet, par Schmuzer. Baptiste Monoyer, F. Boucher, peintres et Balchon graveur. 5 portraits.

385. — Mignard, Girardon, J. Roettiers, Louis Pecour, C. Vanloo, Mme Lebrun, etc. 11 portraits de peintres et sculpteurs gravés par *Edelinck*, *Duchange*, *C. Vermeulen*, *Klauber* et *Muller*.

386. — Antoine Pesne, N. Vleughels, C. Hallé,

Louis Leramberg, Cl. Lefevre, B. Picart, Et. Jeaurat, Roger de Pilles, J. Grimoux, Largillière, Ph. Champagne, Ch. de la Fosse, N. de Largillière. — 13 portraits de peintres gravés par *J.-G. Wille, B. Picart, de Larmessin, Muller, Schmidt de Berlin.*

387. — Allegrain et Coisevox sculpteurs; Carle Vanloo, F. Detroye, Leramberg, peintres; Séb. Leclerc graveur. 7 portraits de la suite des peintres de l'académie. Belles épreuves avant la lettre.

388. **Strange**. Toilette de Vénus, et Libéralité et Modestie, d'après le Guide. Apollon récompensant le mérite et punissant l'arrogance, d'après A. Sacchi. Jugement d'Hercule d'après N. Poussin. 4 pièces.

389. — Joseph et Putiphar d'après le Guide. Belle épreuve.

Estampes gravées à la manière noire.

PORTRAITS.

390. — Alexandre VII, Innocent XII et Innocent XIII, Louis XIV, Joseph Ier, Léopold Ier, le prince d'Orange, etc. 16 portraits gravés à la manière noire.

391. — Trente-et-un portraits de personnages de tous états, flamands et allemands, gravés à la manière noire, par *Schench, Waillant, J. Haid.*

392. — Portraits de femmes. 11 pièces gravées en manière noire par *Schenck, Watson, Waillant, Faber, J. Vanderbruggen, Léonard, Jones*, etc., d'après Largillère, P. Lelly, Netscher, Vandyck, etc.

393. — Juste Lipse, Frobenius, Hugenius, Henri de Nassau, Mieris, peintre, etc. 9 portraits gravés en manière noire par *Abraham Bloteling*.

394. — Louis XIV, Le Nôtre, architecte, Van Dyck, Paolo Rolli, Claude Lorrain, de Spaheim, Jacob de Wilde, amateur de médaille, Bernard Picart, graveur, etc. 16 pièces gravées en manière noire, par *Smith, Vanderbruggen, Vansomer, Walk*, etc.

395. Divers personnages allemands et flamands, gravés en manière noire, par *Schenck, P. Decker, Léonard, G. Spieel*, etc. 21 pièces.

396. — Washington et sa famille, peint et gravé au pointillé, par Savage.

397. — Rajah of Mysoor, Hagia, Yousouph-Effendi, etc. 5 personnages indiens et turcs, gravés en manière noire.

398. — Marie-Antoinette, la princesse Lamballe, Louis XVIII, la princesse Charlotte-Thérèse, fille de Louis XVI, le duc de Choiseul, 1770. 5 pièces en manière noire.

399. Le maréchal Brune, le général Andréosy, 1803, Mme Talleyrand d'après Gérard, etc.; quatre portraits gravés en manière noire par Hodges, Reynolds et Dickinson.

Sujets d'après divers maîtres, gravés en manière noire.

400. Sujets de Vierge d'après Paul Véronèse, Schidone, le Guide, C. Maratte, Louis Carrache, neuf pièces en manière noire par Smith, Green, etc.

401. Les amours des dieux, suite de neuf pièces, gravés par Smith, et Vénus et Danaë par Marc-Ardell, onze pièces d'après le Titien. Très belles épreuves.

401 bis. Têtes d'après Ribera et le portrait de Michel-Ange du Carravage, huit pièces en manière noire, sans nom de graveur ni peintre.

402. Batailles et cavaliers, dix pièces, plusieurs à la manière noire, gravées par Rugendas.

403. Sujets d'après des compositions de Teniers, Ostade, C. Dusart, Hermskeck, 19 pièces en manière noire.

404. Le Temps coupant les ailes de l'Amour, d'après Van Dyck par Marc Ardell, épreuve avant la lettre, et plusieurs autres estampes en manière noire et au pointillé. Cinq pièces.

405. Sujets de tous genres, gravés en manière noire d'après les tableaux de maîtres italiens, flamands et hollandais. 22 pièces.

406. La Vierge apprenant à lire, et la Vierge et l'Enfant Jésus, deux très grandes estampes gravées à la manière noire.

407. Sujets divers gravés à la manière noire par Earlon, J. Beckett, Marc-Ardell, Premner. 13 pièces.

408. Fr. Ant. Pagi, historiographe, par Seb. Barras; Joseph Bernard, peintre, Claude Gros de Boze, Cécile Lisorez, Massillon, par *And. Bouys*. François René, Vauban, par S. Bernard; Bayle par Catherine Duchesne. 8 pièces en manière noire.

Portraits de personnages français de tous états.

409. Henri IV et Louis XIII. 18 portraits.

410. Henri IV jeune, N. Poussin, Lebrun, et autres portraits de personnages français. 10 pièces.

411. Madame de Montespan, Monsieur frère du Roi et le marquis de Nerestang. Quatre portraits.

412. Portraits de personnages français, le marquis de Belle-Isle, Detroye, duch. de Chevreuse, etc. Onze pièces.

413. Ninon de Lenclos. Mme de Sévigné, Mme Deshoulières, la marquise du Chatelet, Mme de Staël et autres femmes célèbres. 17 portaits.

414. Marie-Antoinette. 12 portraits gravés au burin, au pointillé et à la manière noire. Plusieurs rares. 16

415. Madame Récamier et madame Talien, et un portrait gravé en couleur par Janinet en 1779.

416. Mirabeau d'après Boze, Barras d'après H. Le- 12

druc, Letourneur d'après Desorin, Regnault de Saint-Jean-d'Angely, d'après Gérard, cinq portraits en pied gravés par Beisson, A. Tardieu, Alix, Pradier et Massard.

417. François de la Marche d'après Danloux, Cuvier et d'Auberbon. Trois portraits.

418. Portraits de Napoléon consul et Napoléon empereur. Cinq pièces gravées au pointillé et à la manière noire par Bartolozzi, Radoz, etc.

419. Portraits de Napoléon, de son frère Joseph et du prince Eugène. Sept pièces.

420. Portraits de Napoléon et sa famille, le duc de Reichstad, le prince Eugène, la reine Hortense, Louis-Napoléon, etc. Dix pièces.

421. Portraits de Napoléon et ses généraux, la reine Hortense et Madame Telleyrand. Neuf pièces.

422. Les généraux Buonaparte, Duroc, Macdonald, Pichegru, Desaix, Hoche, Berthier. Sept portraits en pied, gravés par Coqueret, Monsaldi, etc.

Portraits anciens et modernes d'artistes dramatiques.

423. Dominique Romagnesi dans le docteur Balouard, Ghérardi en Arlequin, Tortorili en Scaramouche, et Bertenazzi. Six portraits d'anciens acteurs, ils sont rares.

424. Adrienne Lecouvreur, Catherine de Seine, Charlotte Desmares, Duclos, Poisson et Mezetin. Cinq portraits d'anciens acteurs et actrices gravés par Edelinck, Drevet, Desplaces, Lepicié et Surrugue.

425. Madame d'Oligny, gravé d'après Vanloo par Huber. Deux épreuves, une avant la lettre. — Deux lots.

426. Lekain, Molé, Brizard, Previl, Mlle Clairon, et autres artistes dramatiques du Théâtre Français, de 1750 à 1800. 67 portraits gravés. — Deux lots.

427. Talma, Mlle Mars, Mlle Duchesnois, Mlle Raucourt, et autres artistes dramatiques du Théâtre Français, de 1800 à 1825. 75 portraits gravés et lithographiés.

428. Talma d'après Picot, par Lignon; Mlle Mars d'après Gérard. Deux estampes, épreuves avant la lettre, la première sur papier de Chine.

429. Artistes dramatiques du Théâtre Français. Dix-sept portraits gravés et lithographiés.

430. Anciens acteurs et actrices de l'Académie royale de musique, du Théâtre Favart et des Italiens de 1760 à 1800. Quarante-deux portraits gravés.

431. Académie impériale et royale de musique et Théâtre italien de 1800 à 1840. Quarante-sept portraits gravés et lithographiés. Plusieurs coloriés.

432. Artistes dramatiques du théâtre de l'Opéra-Comique. Trente-deux portraits.

433. Théâtre de l'Opéra-Comique. Trente-deux portraits gravés et lithographiés.

434. Artistes dramatiques des théâtres du Vaudeville, des Variétés et autres. Quatorze portraits lithographiés.

435. Théâtres étrangers. Dix portraits.

Dessins.

436. **Cousin** (Jean). Un reliquaire, curieux dessin à la plume et lavé sur vélin. — Un dessin colorié d'une fontaine par G. Hoefnagel.

437. **Cassas.** Vue en Syrie, dessin lavé à l'encre de Chine et au bistre.

438. **De La Rue**, 1769. Passage de la mer Rouge. Marches d'armées, bacchanales d'enfans, etc. Cinq dessins à la plume lavés au bistre.

439. **Dorigny** (Nicolas). Têtes d'après Raphaël. Deux dessins au crayon noir.

440. **Hilair** 1787. Un sultan et une sultane en pied. Deux grands dessins coloriés.

441. Marche du saint Père sous le portique de Saint-Pierre, par Hilair. Scène turque par Parizeau en 1774. Procession en Egypte par Balzac. Trois dessins coloriés; plus réception par un sultan d'un ambassadeur européen, dessin à la plume.

442. **Leprince** 1774 (Jean-Baptiste). Jeunes filles découvrant des Amours sous des roses. Joli dessin lavé à l'encre de Chine.

443. **Loutherbourg.** Vue d'un château sur les bords du Rhône près de Lyon. Dessin lavé au bistre.

444. **Mallet.** Intérieurs familiers. Deux dessins à la gouache.

445. **Poussin** (Nicolas). Nymphes cueillant des fleurs. Dessin au bistre du cabinet de John Barnard.

446. **École Française.** Etudes de vaisseaux par Pujet et autres maîtres français. Neuf dessins à la sanguine et lavés à l'encre de Chine.

447. Dispute des armes d'Achille par Monsiau, première pensée du tableau de Zeuxis par Vincent. Deux dessins au crayon.

448. Cinq dessins, vues et costumes coloriés, plus deux estampes coloriées, dont le tombeau de Napoléon à Sainte-Hélène.

449. Quinze dessins d'architecture.

450. Neuf dessins lavés et coloriés d'architecture et vues par Clerisseau, Desprez et autres architectes.

451. Réunion de divers monuments de Paris. Grand dessin colorié par Fontaine, architecte.

452. Vases antiques et pour l'orfévrerie, fleurs, etc. Soixante-dix-huit dessins au trait, lavés et coloriés.

453. Treize dessins lavés et coloriés d'architecture et intérieurs d'appartements par Grognard, architecte.

454. Dessins indiens, dont une marche d'éléphants. Quatre pièces.

455. Grandes figures en pied de guerriers et archers indiens. Quatre dessins.

456. Brevet italien en 1754, sous le patronage de saint Roch, manuscrit sur vélin de cinq feuilles, dont trois d'écritures, entourées d'arabesques et deux miniatures, saint Roch et une armoirie.

457. Les articles omis.

Maulde et Renou, Imprimeurs de la Compagnie des Commissaires-Priseurs, rue de Rivoli, 144. 3041

www.ingramcontent.com/pod-product-compliance
Lightning Source LLC
LaVergne TN
LVHW010623110826
845149LV00003B/1031

* 9 7 8 2 0 1 1 3 4 5 1 2 7 *